Vreemde zaken

De liedjesman

Dirk Nielandt
Tekeningen van Els van Egeraat

D1348924

 Zwijsen

De liedjesman

In de dierentuin staat een man.
Plots begint hij te zingen.
'Dol op een man, dol op een man.'
Het is een gek liedje.
De man zingt het met een hoge vrouwenstem.
Wat een rare man!

Wil je meer over hem weten?
Lees dan gauw dit verhaal *nee*

Te oud

Kirstens oma moet verhuizen.
Ze woont in een klein, knus huisje.
Het ligt aan de waterkant.
Oma woont er alleen.
Nou ja, niet helemaal alleen.
Ze heeft ook een kat en een vogel.
De kat heet Vrouwtje.
De vogel heet Man.
In het huisje is een trap.
Oma is van de trap gevallen.
Ze heeft haar been gebroken.
De dokter zegt dat het niet meer kan.
Ze is te oud om alleen te wonen.
Hij vindt het te gevaarlijk.
Daarom moet oma naar een bejaardenhuis.
Maar er is één probleem:
Oma wil niet.

'Wat sneu voor oma,' zegt Kirsten.
'Ze wordt oud,' zucht haar moeder.
'Ze kan niet meer alleen wonen.'
'Het is niet eerlijk,' zegt Kirsten boos.
'Ze wil gewoon niet naar zo'n huis.'
Het wordt Kirsten te veel.
De tranen rollen over haar wangen.

'Oma kan toch bij ons wonen,' snikt ze.
Mam gaat naast Kirsten zitten.
Ze slaat een arm om haar heen.
'Kind toch,' zucht ze.
'Ik vind het ook sneu voor oma.
Maar kijk om je heen.
We wonen al zo klein.
In onze flat is geen plaats voor oma.'
'Laten we dan verhuizen!' roept Kirsten
Mam schudt het hoofd.
'Dat is niet zo eenvoudig.'
'Dat is het wel!' roept Kirsten boos.
Ze springt op en rent weg.
Ze slaat de voordeur met een klap dicht.

Bij oma

Als Kirsten boos is, stapt ze op de fiets.
Dan rijdt ze naar oma.
Oma heeft altijd tijd.
Kirsten mag er haar hart uitstorten.
Oma luistert goed.

'Ja hoor, ze is hier,' zegt oma.
Ze lacht en legt de hoorn neer.
'Het was je moeder,' zegt oma.
'Ze wist niet waar je was.
Ze maakte zich zorgen.'
Kirsten haalt de schouders op.
Ze is nog altijd boos op mam.
'Neem een koekje,' zegt oma.
Kirsten kiest een koekje uit de trommel.
'Wil je een kopje thee?'
Kirsten knikt.
Ze pakt de suikerpot.
Bij oma mag ze altijd drie schepjes.

'Ik heb een idee, oma,' zegt Kirsten.
'Ik kom bij jou wonen.
Ik kan dan op je passen.
Ik kan lekker koken.
Ik zorg dat je niet van de trap valt.

En 's avonds stop ik je onder.'
Oma lacht.
'Je bent een schat,' zegt ze.
'Maar je bent te jong om op oma te passen.
Je moeder zou je ook heel erg missen.'
Kirsten knabbelt van haar koekje.

Het is tijd om te gaan.
Kirsten trekt haar jas aan.
Ze geeft oma een kus.
Plots springt de kat uit haar mand.
Ze geeft Kirsten een kopje.
'Vrouwtje wil ook een aai,' zegt oma.
'Dag Vrouwtje,' lacht Kirsten.
'Lief beest.'
Ze streelt de kat over haar kop.
Oma kijkt plots somber.
'Wat is er?' vraagt Kirsten.
Oma zucht.
'Vrouwtje mag niet mee,' zegt ze.
'Er mogen geen dieren mee.'
Kirsten schrikt.
'Geen dieren in het bejaardenhuis?
'En Man dan?' vraagt ze.
Ze kijken allebei naar de papegaai.
Oma schudt het hoofd.
'Mijn liedjesman ook niet,' zucht ze.

Man is wel twintig jaar oud.
Oma heeft hem gekocht toen opa stierf.
Hij heeft bonte kleuren en praat en zingt.
Hij kent veel gekke liedjes.
Daarom noemt oma hem haar liedjesman.
Het is echt een grappig beest.
Oma is dol op hem.

'Zonder Man naar het bejaardenhuis?'
Oma knikt.
'De dieren moeten naar het asiel.
Soms vinden ze geen nieuw baasje.
Dan moeten ze …'
Oma aarzelt.
'Dood?' vraagt Kirsten.
Oma knikt.
'Daarom wil ik niet verhuizen,' zucht ze.
'Weet je,' roept Kirsten.
'Wij nemen Man wel in huis.
En Vrouwtje ook!'
Oma kijkt heel ernstig.
'Dat is toch een goed plan, oma?'
Maar oma schudt het hoofd.
'Ik heb er al met je mam over gesproken.'
'En?' vraagt Kirsten.
'Het kan niet.'
'Wat kan niet?'

'Jullie flat is veel te klein.
Er is geen plek voor dieren.'
'Zegt mam dat?' roept Kirsten boos.
'Ze liegt!
Er is wel plek voor Man en Vrouwtje!'
'Maar kind toch …' probeert oma.
Maar Kirsten laat oma niet uitpraten.
Ze is alweer vertrokken.

Mag het mam?

'Toe nou mams!'
Kirsten wil haar moeder overhalen.
Ze wil Man en Vrouwtje onderdak geven.
Maar mam wil geen dieren in huis.
'Ik heb al genoeg aan m'n hoofd,' zegt ze.
'Toe nou, ik zorg wel voor de dieren.
Je zult nergens last van hebben.'
'Hou op met zeuren, Kirsten.
De flat is te klein voor die beesten.
Ze komen er niet in.'
'Maar mam!
In het asiel krijgen ze een spuitje!
Ze zullen er doodgaan!'
'Niet als ze een nieuw baasje vinden.'

Kirsten is woedend.
Mam weet best dat niemand hen wil.
Vrouwtje is een stokoude, manke kat.
Man is een gekke, oude papegaai.
Wie haalt er nu zo'n stel in huis?
Het is niet eerlijk, vindt Kirsten.
Dieren zet je niet zomaar bij het afval.
Net zo min als oma's.

'Ik heb een idee,' zegt Kirsten bits.

'Breng ons allemaal maar naar het asiel.
Oma, de dieren en mij.
Dan ben je van al je zorgen verlost.'
Mam schrikt van Kirstens uitval.
Ze ziet opeens heel bleek.
'M.. meen je dat?' vraagt ze.
'Ja natuurlijk.'
Mam schudt het hoofd.
'Hoe kun je dat nou menen?
Ik ben dol op jou en oma.'
Dan zucht ze heel diep.
'Maar we wonen gewoon te krap.
Begrijp je dat dan niet?'
Kirsten begrijpt het wel.
Maar waarom begrijpt mam haar niet?
Ze wil de dieren redden.
Dat zou oma heel erg blij maken.

Kirsten en mam zitten zwijgend bij elkaar.
Ze zijn allebei verdrietig.
Opeens zegt mam:
'Luister eens goed naar me, Kirsten.
Je mag Vrouwtje in huis nemen.
Ze is een rustige kat.
Beloof me dat je haar goed verzorgt.'
Kirsten vliegt mam om de hals.
'O bedankt, mam!

Ik zal goed voor Vrouwtje zorgen.
En Man?'
Mam schudt het hoofd.
'Man kan ik hier niet hebben.
Hij zingt en kwekt de hele dag.
Voor Man moet je maar een baasje vinden.'
Kirsten knikt.
Dat is beter dan het asiel.
Ze geeft mam een kus.
'Ik maak er meteen werk van,' zegt ze.

Op zoek ...

Kirsten is meteen op haar fiets gestapt.
Ze is snel naar oma gereden.
Daar heeft ze het hele verhaal gedaan.
Oma is blij.
Ze aait Vrouwtje over haar kop.
'Je mag bij Kirsten gaan wonen.
Gelukskat!'
Dan kijkt oma naar Man.
'En wat moeten we met jou?'
Man begint vrolijk te zingen:
'Dol op een man, dol op een man.'
Oma en Kirsten lachen.
'Gekke vogel!' zegt oma.
'Gekke oma! Gek vrouwtje!' antwoordt Man.
'Weet je, oma,' zegt Kirsten dan.
'Ik kan met Man naar de dierenwinkel.
Daar willen ze vast een praatzieke vogel.'
Oma knikt.
'Het is het proberen waard,' zegt ze.

Kirsten loopt met de kooi op het voetpad.
De mensen kijken haar na.
'Hier is het, Man!' zegt ze.
Ze leest wat er op het raam staat:
'Dierenzaak Mauw.'

Kirsten stapt de zaak binnen.
De man achter de toonbank kijkt streng.
'Wij kopen geen dieren,' zegt hij meteen.
'Maar …' probeert Kirsten.
De man laat haar niet eens uitpraten.
'Wij verkopen alleen dieren!
Doei!'
Kirsten zet de kooi op de toonbank.
Ze laat zich niet zomaar afschepen.
Hij zal naar me luisteren, denkt ze.
'Dit is een heel bijzondere vogel hoor!
Hij kan mooi zingen!'
Man zet meteen zijn keel open en zingt:
'Wij zijn zo dol op een mandolien.'
De man schudt het hoofd.
'Ik zei toch dat we geen dieren kopen.
Ben je soms doof?'
Wat een rotvent, denkt Kirsten.
Boos pakt ze de kooi weer op.
'Nou, dag dan!' zegt ze kwaad.
Ze loopt rood aan.
'Dag dan,' zingt de papegaai vrolijk.
'Dag Sinterklaasje,' zingt hij.

Kirsten staat weer buiten op straat.
Er wandelt een vrouw met een hond.
'Mooi dier gekocht, meisje,' zegt ze.

'Dit is een rotzaak,' zegt Kirsten boos.
De vrouw schrikt.
'Ze houden er niet van dieren!'
Dan draait Kirsten zich om.
Ze wandelt weg.
De vrouw kijkt haar na.
Wat een raar kind, denkt ze.

School

Kirsten heeft een plan bedacht.
Ze wil de papegaai aan de school geven.
In de klas hebben ze al een hagedis.
En ook een stel vissen.
Een vogel kan er vast nog wel bij.

'Breng je me met de auto, mam?'
'Natuurlijk lieverd.'
Mam brengt haar met de auto.
Met de kooi op de fiets is te gevaarlijk.
'Weet je zeker dat de juf het goedvindt?'
Kirsten knikt.
Het is een goed plan, denkt ze.
Ze kijkt naar Man en fluistert:
'Jij mag in mijn klas komen wonen!'
'Dol op een man,' zingt de vogel vrolijk.
Mam zucht.
'Ik hoop maar dat hij stil is in de klas.'
'Maak je geen zorgen, mam.
Man zal zich netjes gedragen.'

Kirsten heeft veel bekijks.
Iedereen op het schoolplein wil Man zien.
Hij is er stil van.
Zo veel drukte is hij niet gewend.

Dora is Kirstens beste vriendin.
Ze staat er natuurlijk ook bij.
'Kan hij praten?' vraagt ze.
'Praten en zingen,' antwoordt Kirsten.
Ze is erg trots op de vogel.
Zelfs de directeur komt kijken.
'Mooie vogel,' zegt meneer Karsten.
Daar gaat de schoolbel al.

In de klas is het onrustig.
Kirsten heeft de kooi op haar bank gezet.
De juf kucht even.
Dan wordt het stil.
'Vertel eens, Kirsten,' zegt ze.
'Waar hebben we dat aan te danken?'
Ze wijst naar de kooi.
Kirsten vertelt het hele verhaal.
Van haar oma die uit haar huis moet.
Van de kat en de papegaai.
En dat de vogel nu voor de klas is.
De kinderen in de klas juichen.
De juf zucht.
'Dat is erg lief van je,' zegt de juf.
'Maar wie past er tijdens het weekend op?
En tijdens de vakanties?'
Daar had Kirsten niet aan gedacht.
Man kan natuurlijk niet alleen blijven.

Hij moet elke dag te eten krijgen.
Dora steekt haar hand op.
De juf knikt.
'Kunt u hem niet mee naar huis nemen?
Dat doet u toch ook met de vissen?'
De juf aarzelt.
'Toe nou, juf,' smeken de kinderen.
De juf glimlacht.
'Goed dan,' zegt ze.
'We zullen even kijken hoe het gaat.'
De kinderen juichen.
Kirsten straalt.
Man heeft een nieuw thuis gevonden!

Rumoer in de klas

Het is rustig in de klas.
De kinderen zitten boven hun werkboek.
Ze maken sommen.
De juf loopt langs de banken.
Hier en daar helpt ze iemand met een som.
Plots schrikt de hele klas op.
Een hoge vrouwenstem schalt door de klas.
'Dromen zijn bedrog.'
Iedereen kijkt verbaasd naar Man.
'Die vogel zingt!' roept iemand.
'Hou je kop, man!' roept Man.
De hele klas lacht.
'Geef me een kusje, lieve scheet.'
De kinderen schateren het uit.
'Mien, heb je het toilet gezien?'
Iedereen ligt dubbel.
Behalve de juf en Kirsten.
'Er staat een paard in de gang!'
Man is echt op dreef.
Hij zingt het ene liedje na het andere.
Hoe maller hoe beter.
De hele klas staat op z'n kop.
'Stilte!' roept de juf.
Ze klapt in haar handen.
Het helpt niet.

Iedereen is door het dolle heen.
'Eén kopje koffie,' zingt Man vrolijk.

De juf knielt bij Kirsten neer.
'Hoe zorg je dat hij zwijgt?'
Kirsten staat op en gaat naar Man.
'Zo is het welletjes, Man.
In de klas moet je stil zijn.'
'Stille nacht, heilige nacht,' zingt Man.
'Nee echt, je moet zwijgen!'
'Zwijg zelf, kakkerlak!'
Alle kinderen lachen.
Kirsten staat er hulpeloos bij.
'Mondharmonicaatje!' zingt Man.
Zijn stem galmt door de hele school.
Dan gaat de deur open.
Daar staat de directeur.
'Wat is hier aan de hand?' vraagt hij.
En hij kijkt erg streng.

Wat nu?

Kirstens ogen zijn rood van het huilen.
Ze heeft de hele middag gehuild.
Mam is haar komen halen met de auto.
Nu praat ze even met de juf.
'Sorry, het kan echt niet,' zegt de juf.
'Dat begrijp ik best,' knikt mam.
'Het beest maakt een hels kabaal.
Het is om gek van te worden.
Daarom wil ik hem niet in huis.'
De juf knikt.
Dan kijkt ze naar Kirsten.
Wat staat die er zielig bij.
Ze houdt de kooi in haar armen geklemd.

Even later rijden ze naar huis.
'Wat nu?' vraagt Kirsten?
Mam antwoordt niet.
Het is erg druk op de weg.
Mam let op het verkeer.
'Wat nu, mam?' vraagt Kirsten weer.
'Je hebt je best gedaan, meid.
Maar ik denk dat hij naar het asiel moet.
Misschien vinden ze iemand die hem wil.'
'En als dat niet zo is?'
'Tja,' zucht mam.

'Nee, hij gaat niet naar het asiel.'

Kirsten kijkt door het raampje.

Op dat ogenblik rijdt mam voorbij Bombarie.

Dat is de dierentuin.

'Hé,' roept Kirsten.

'Wat is er?' vraagt mam.

Maar Kirsten bedenkt zich.

'O niets,' antwoordt ze.

Ze heeft een plannetje.

Maar niet aan mam vertellen, denkt ze.

Die vindt het vast niet goed.

Dierentuin

Het is zaterdag.
Vandaag gaat oma naar het bejaardenhuis.
Mam is erg druk.
Ze moet inpakken en uitpakken.
De koffer inladen.
Heen en weer rijden met de auto.
Kirsten ziet haar kans.
Ze glipt er tussenuit met de kooi.
Mam merkt niet eens dat ze vertrekt.
Het is wel een heel eind lopen.
Maar ze kent de weg goed.
Na een poos staat ze voor de poort.
'Bombarie' staat er in grote letters.

Kirsten wil naar binnen.
Maar ze mag niet zomaar door de poort.
'Betalen,' zegt de vrouw aan de kassa.
'Maar ik heb geen geld,' zegt Kirsten.
'Dan mag je er niet in.
En met die vogel mag je er ook niet in.
Zelfs niet als je betaalt.
Dieren worden hier niet toegelaten.'
Dat vindt Kirsten gek.
Het stikt er toch al van de dieren?
Ze geeft zich niet zomaar gewonnen.

'Ik wil met de baas spreken,' zegt ze.

'Het is heel belangrijk!'

De vrouw aan de kassa lacht.

'Dan moet je eerst een afspraak maken.'

Kirsten ziet haar plan in duigen vallen.

Er rolt een traan over haar wang.

'Ik moet hem spreken!' zegt ze.

'Het is echt belangrijk!'

De vrouw aarzelt.

Ze heeft medelijden met Kirsten.

'Ik zal zien wat ik kan doen,' zegt ze.

En ze pakt de telefoon.

Even later zit Kirsten bij meneer Tor.

Hij is de baas van de dierentuin.

Ze vertelt hem alles.

'Dat doen wij niet, meisje,' zegt hij.

'Wij zijn geen asiel.'

Dat weet Kirsten ook wel.

'Het is echt een speciale vogel,' zegt ze.

'Hij praat en zingt als de beste.

Hij zal veel bekijks hebben.'

'Dat kan wel zijn,' zegt meneer Tor.

'Maar we hebben al te veel vogels.

Die van jou kan er echt niet bij.

Het spijt me.'

'Als u hem nu eens kon horen zingen!'

Ze doet de kooi open en pakt Man.

Meneer Tor schrikt.

'Zet die vogel terug!' roept hij.

'Zing dan, Man!' zegt Kirsten.

'Zing eens een liedje!'

Man maakt geen geluid.

Hij klapt met zijn vleugels en vliegt op.

'Pak die vogel!' roept meneer Tor.

Maar het is al te laat.

Man vliegt door het raam naar buiten.

Weg is hij!

Vang die vogel!

'Het is een papegaai,' zegt meneer Tor.
'Hij is ontsnapt uit de kooi.
Het dier is van dat meisje.
Ga hem als de bliksem vangen!'
'Ik ga al, ik ga al,' bromt Jos.
'Jij wacht hier, meisje,' zegt meneer Tor.
Hij klinkt erg boos.
Kirsten zegt maar niets.
Ze blijft braaf zitten.

Jos gaat op pad.
Hij werkt allang in de dierentuin.
Hij moet er allerlei klusjes opknappen.
'Ik ben altijd de klos,' gromt hij.
'Vandaag is het een papegaai.
Gisteren een wasbeer.
Het is ook altijd iets.'
Hij kijkt overal rond.
Hij zoekt in alle gaatjes en hoekjes.
Hij kent de dierentuin als zijn broekzak.
Maar hij ziet de vogel niet.
'Die is natuurlijk allang gaan vliegen!'
Dan ziet hij een paal verkeerd staan.
'Ook dat nog,' bromt hij.
De paal met het bordje wijst fout.

'Die kwajongens,' moppert Jos.

'Alles kapot maken, overal aanzitten.'

Hij draait de paal een halve slag.

Plots begint iemand te zingen.

'Mondharmonicaatje!' klinkt het.

Jos kijkt rond.

Hij ziet niemand.

'Dol op een man, dol op een man!'

Weer die gekke, hoge stem die zingt.

En daar staan een meisje en een jongen.

Ze lachen hem uit.

'Helemaal niet grappig,' bromt Jos.

'Neem jij je zuster maar in de maling!'

Dan begint het gezang weer:

'We zijn zo dol op de mandolien.'

De jongen en het meisje zijn verdwenen.

Jos kijkt omhoog.

'Daar zit jij dus!' gromt hij.

Lieve Jos

Jos komt binnen met de papegaai.
Kirsten springt opgelucht op.
'Man!' roept ze.
'Fraaie vogel, hoor,' zegt Jos.
'En hij zingt als de beste.'
Meneer Tor knikt.
'Zo is het wel goed, Jos.
Breng jij dat meisje naar de uitgang?
Ze neemt haar vogel mee naar huis.'

Jos wandelt met Kirsten naar de uitgang.
Kirsten vertelt hem alles.
'Nou nou,' zucht Jos.
'Wat zielig voor je vogel.'
Hij stopt en kijkt naar de papegaai.
'Een fraai dier,' zegt hij.
'Dol op een man,' zingt Man.
Jos lacht.
'Weet je,' zegt hij dan.
'Ik droom al heel lang van zo'n dier.
Zou je vogel bij mij mogen komen wonen?'
'Meen je dat?' vraagt Kirsten.
'Ja, natuurlijk,' antwoordt Jos.
'Ik weet hoe je zo'n dier moet verzorgen.
Bij mij krijgt hij een fijn huis hoor.'

'Dat zou geweldig zijn,' juicht Kirsten.
'Echt geweldig!'
Ze geeft de kooi aan Jos.
Man begint meteen te zingen:
'Dol op een man, dol op een man!'
Jos en Kirsten lachen.

Af en toe stuurt Jos een kaartje:
'Met Man gaat alles goed.
Hij zingt de hele dag.
Ik zing vrolijk mee.
De buren noemen mij al de liedjesman.
Groeten van Jos.'

In de serie Vreemde zaken zijn verschenen:

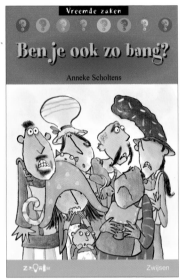

Vreemde zaken

De liedjesman

Dirk Nielandt

Zwijsen

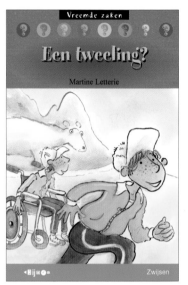

Vreemde zaken

Een tweeling?

Martine Letterie

Zwijsen

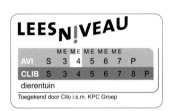

2e druk 2009

ISBN 978.90.276.7739.6
NUR 282

© 2004 Tekst: Dirk Nielandt
Illustraties: Els van Egeraat
Vormgeving: Rob Galema
Uitgeverij Zwijsen B.V., Tilburg

Voor België:

Uitgeverij Zwijsen.be, Antwerpen
D/2004/1919/274